E.S.C

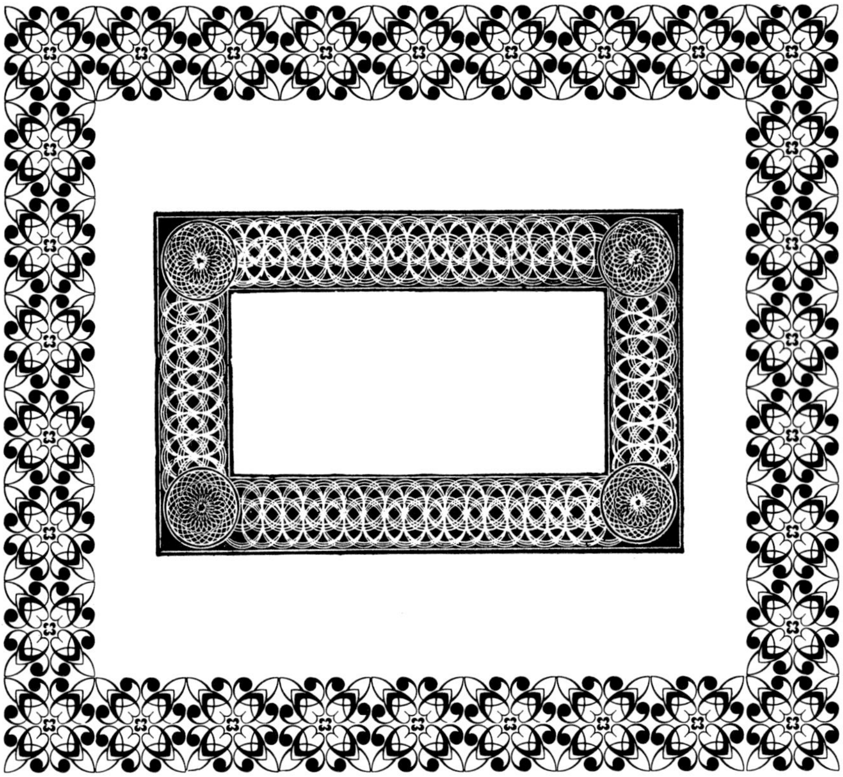

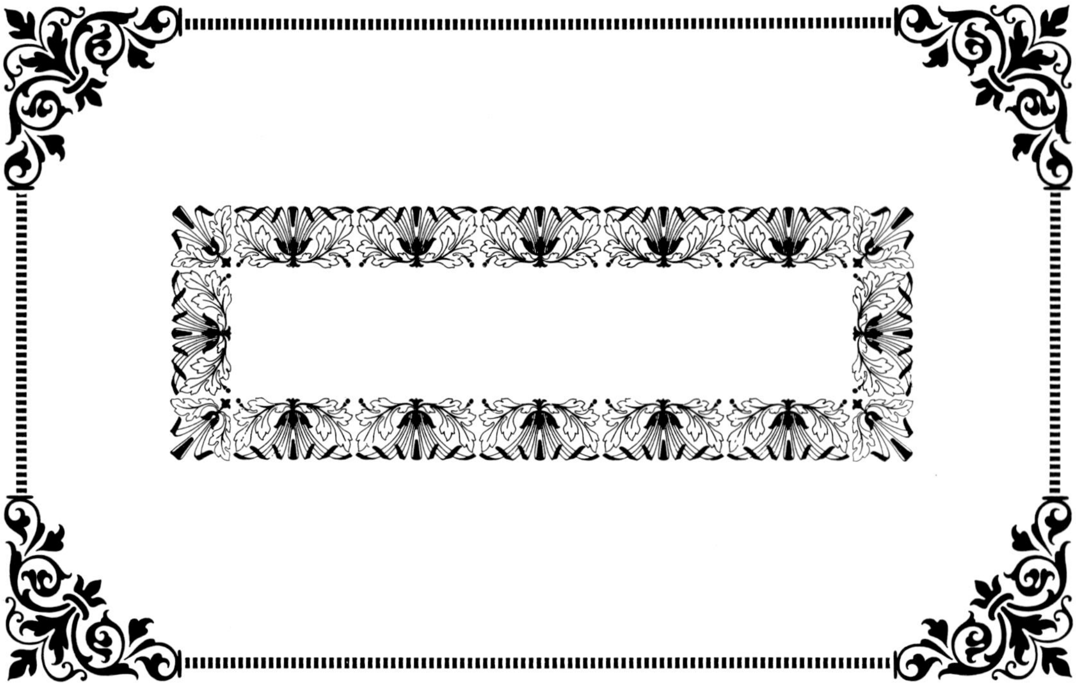

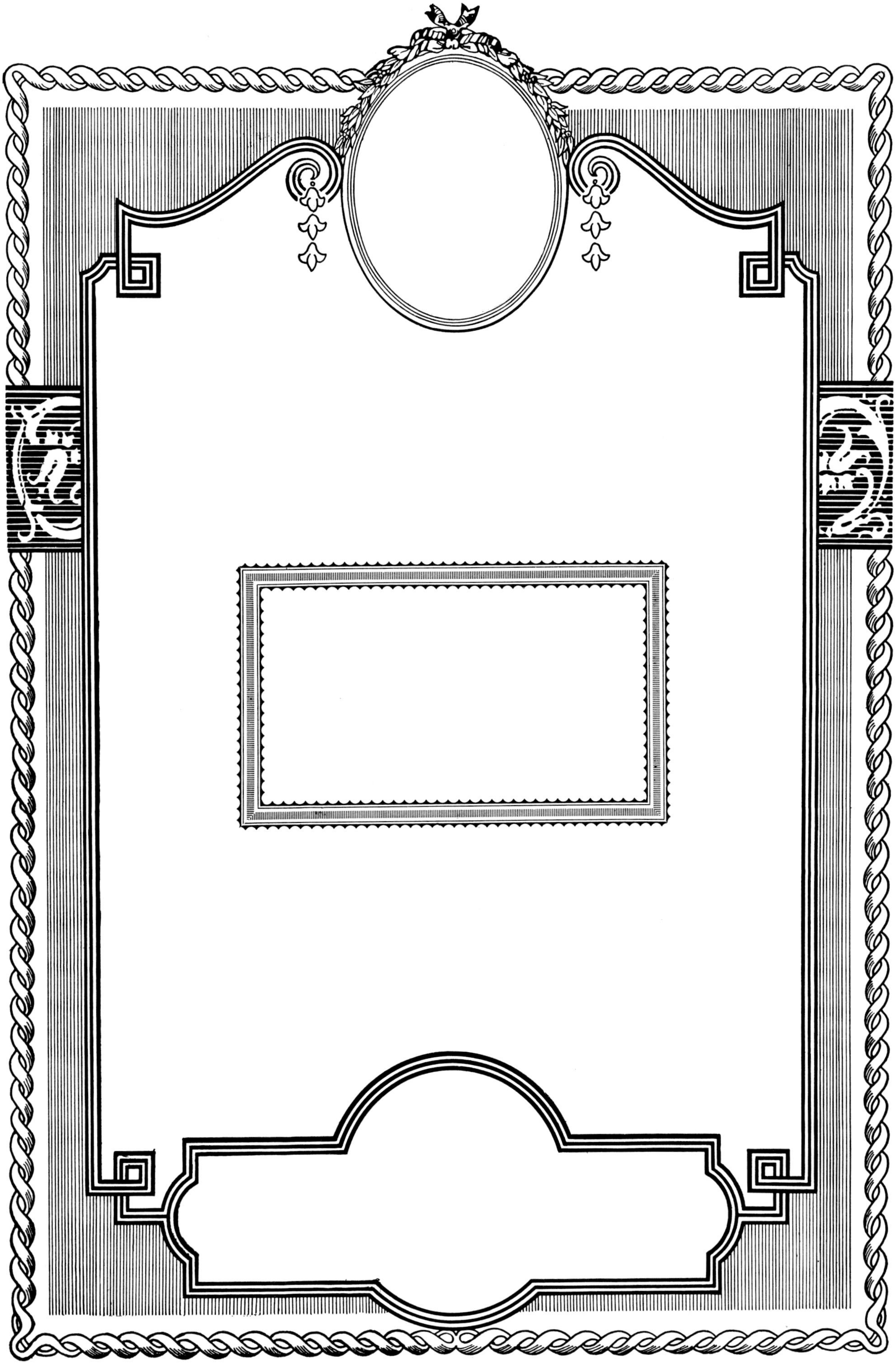

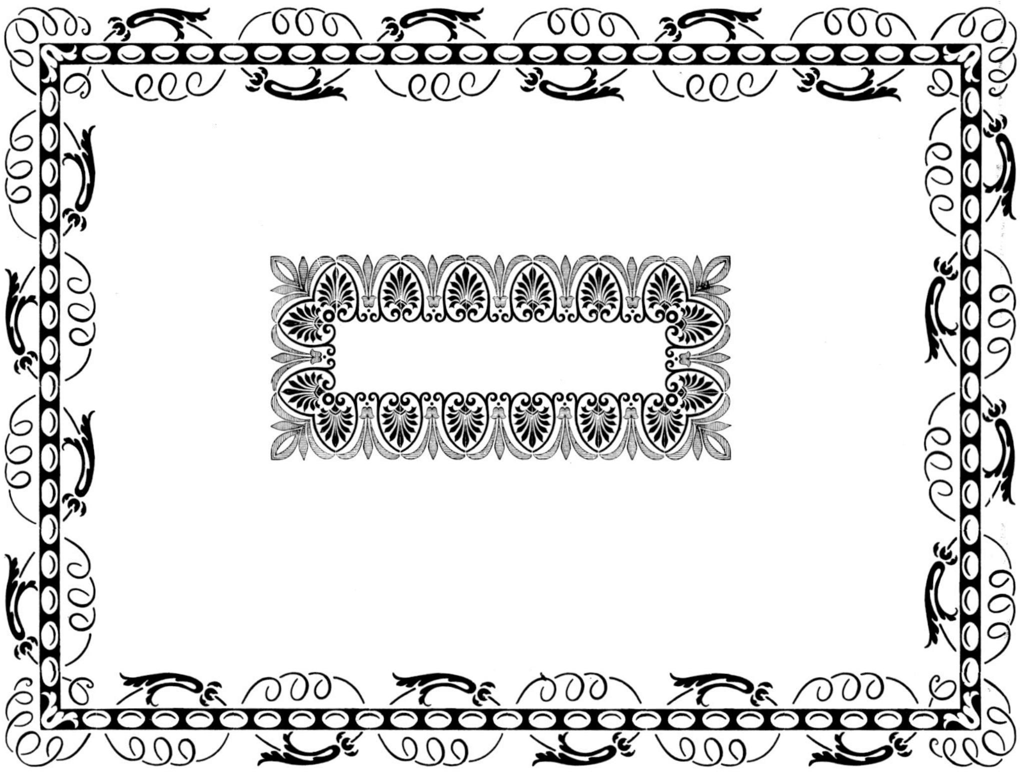

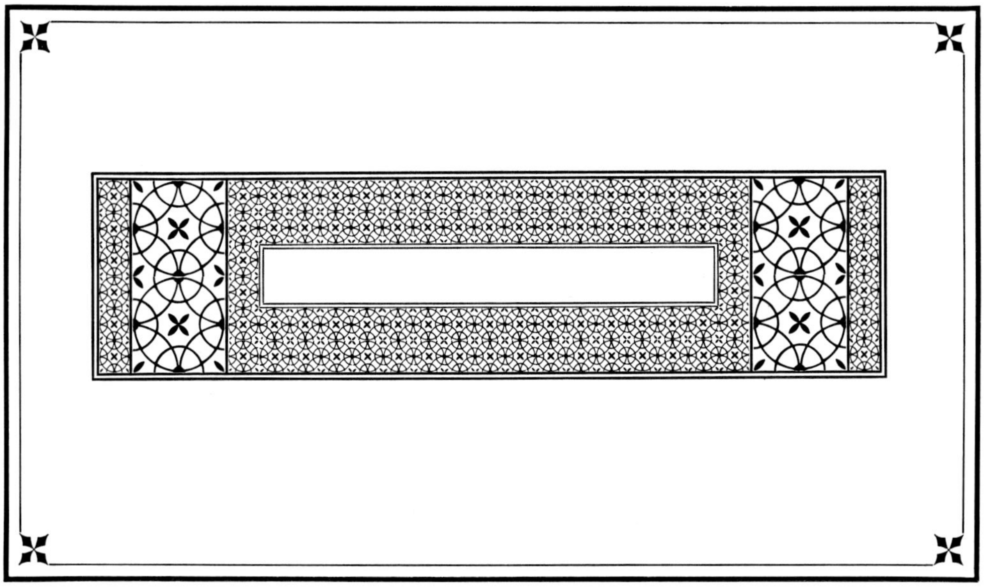

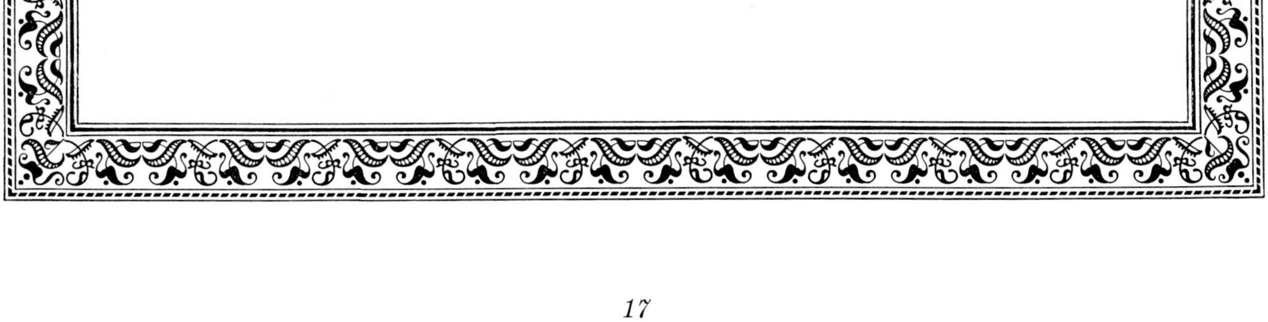

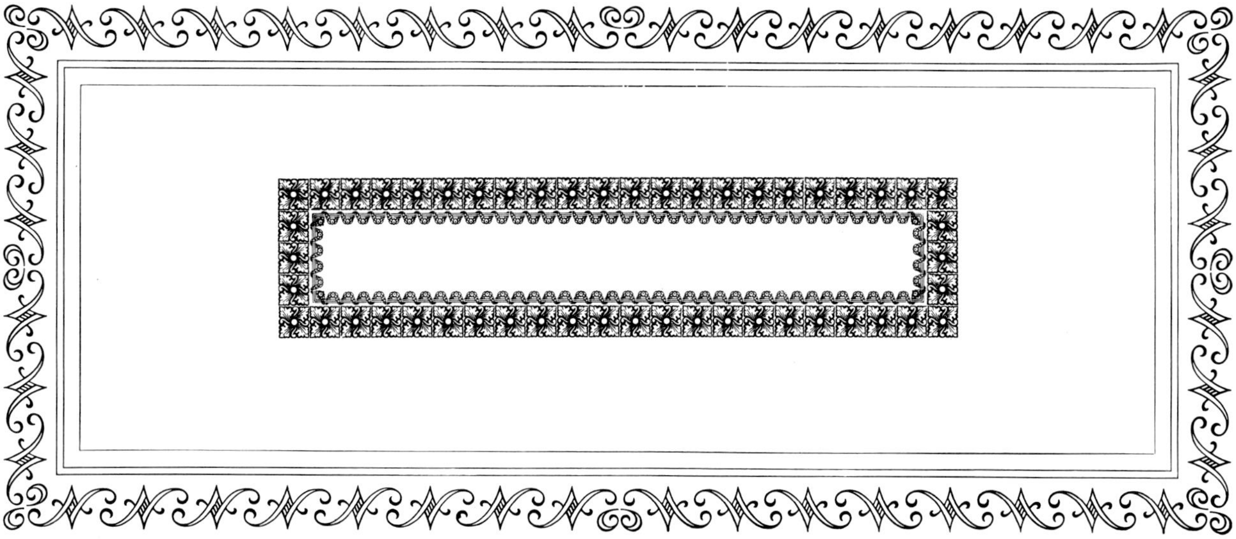

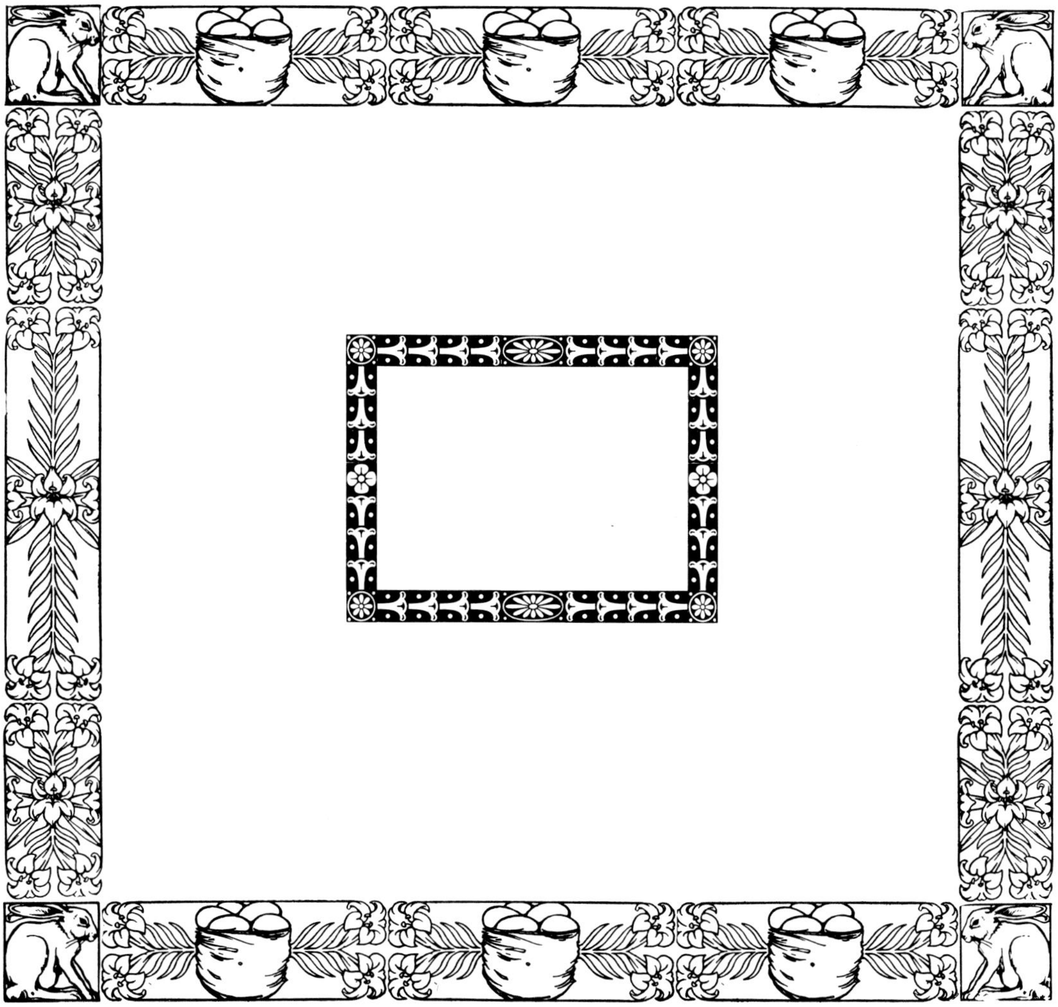

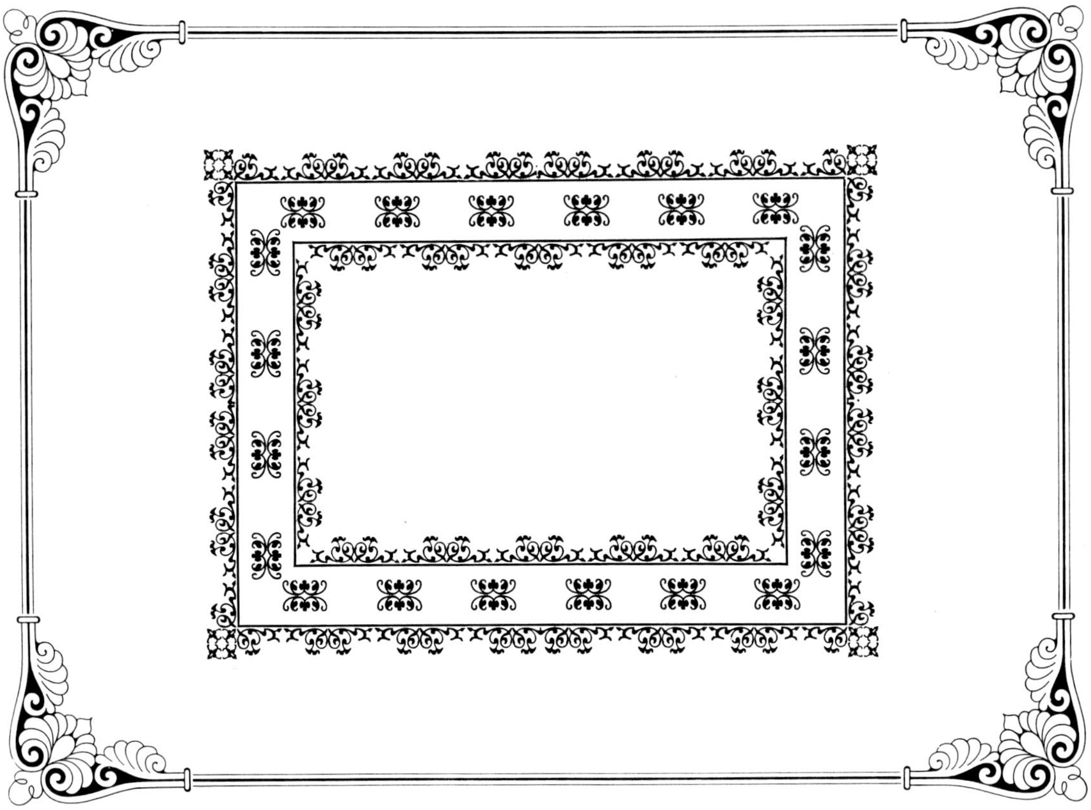